BEI GRIN MACHT SICH IHR WISSEN BEZAHLT

- Wir veröffentlichen Ihre Hausarbeit, Bachelor- und Masterarbeit

- Ihr eigenes eBook und Buch - weltweit in allen wichtigen Shops

- Verdienen Sie an jedem Verkauf

Jetzt bei www.GRIN.com hochladen und kostenlos publizieren

Bibliografische Information der Deutschen Nationalbibliothek:

Die Deutsche Bibliothek verzeichnet diese Publikation in der Deutschen Nationalbibliografie; detaillierte bibliografische Daten sind im Internet über http://dnb.dnb.de/ abrufbar.

Dieses Werk sowie alle darin enthaltenen einzelnen Beiträge und Abbildungen sind urheberrechtlich geschützt. Jede Verwertung, die nicht ausdrücklich vom Urheberrechtsschutz zugelassen ist, bedarf der vorherigen Zustimmung des Verlages. Das gilt insbesondere für Vervielfältigungen, Bearbeitungen, Übersetzungen, Mikroverfilmungen, Auswertungen durch Datenbanken und für die Einspeicherung und Verarbeitung in elektronische Systeme. Alle Rechte, auch die des auszugsweisen Nachdrucks, der fotomechanischen Wiedergabe (einschließlich Mikrokopie) sowie der Auswertung durch Datenbanken oder ähnliche Einrichtungen, vorbehalten.

Impressum:

Copyright © 2014 GRIN Verlag, Open Publishing GmbH
Druck und Bindung: Books on Demand GmbH, Norderstedt Germany
ISBN: 9783668239418

Dieses Buch bei GRIN:

http://www.grin.com/de/e-book/334149/eine-kurzdarstellung-der-entlehnungen-im-deutschen

Hamid Baalla

Eine Kurzdarstellung der Entlehnungen im Deutschen

GRIN Verlag

GRIN - Your knowledge has value

Der GRIN Verlag publiziert seit 1998 wissenschaftliche Arbeiten von Studenten, Hochschullehrern und anderen Akademikern als eBook und gedrucktes Buch. Die Verlagswebsite www.grin.com ist die ideale Plattform zur Veröffentlichung von Hausarbeiten, Abschlussarbeiten, wissenschaftlichen Aufsätzen, Dissertationen und Fachbüchern.

Besuchen Sie uns im Internet:

http://www.grin.com/

http://www.facebook.com/grincom

http://www.twitter.com/grin_com

Eine Kurzdarstellung der Entlehnungen im Deutschen

P.H. Hamid Baalla
Universität Hassan II. Fakultät Ain Chok
Casablanca/Marokko

Eine Kurzdarstellung der Entlehnungen im Deutschen

Inhaltsverzeichnis

1. Einleitung
2. Zum Begriff der Entlehnung
2.1. Zur Bestimmung der Entlehnung im Deutschen
3. Motive der Entlehnung
4. Arten von Entlehnungen
5. Der Einfluss anderer Sprachen auf das Deutsche
6. Fazit
8. Literaturverzeichnis

Der Autor dieses Textes ist kein deutscher Muttersprachler. Wir bitten deshalb um Verständnis für mögliche Fehler in Ausdruck und Grammatik.

1. Einleitung

Die deutsche Sprache entwickelt sich ständig Tag für Tag und dadurch erscheint ein Phänomen, nämlich die so genannte „Entlehnung", die Umfrage wurde. Demzufolge, finden die Linguisten Schwierigkeit die Auffassung der Entlehnung zu vereinen und jeder bestimmt die Defnition je nach seiner Theorie. Die vorliegende Untersuchung beschäftigt sich mit der Auffassung dieser Entlehnung und wird stufenweise folgendermassen gegliedert und dargestellt : Zunächst wird geklärt, was unter dem Begriff der Entlehnung im Deutschen zu verstehen ist. Dann wird das Augenmerk auf die geschichtliche Entwicklung der Entlehnung und die Gründe gerichtet. Abschließend werden die Arten der deutschen Entlehnungen und der Einfluss anderer Sprachen auf das Deutsche dargestellt. Ziel dieser Untersuchung ist es herauszustellen, inwieweit die deutschen Wörter der anderen Sprache entlehnt sind.

2. Zum Begriff der Entlehnung

2.1. Zur Bestimmung der Entlehnung im Deutschen

Wenn man die Begriffe „Lift, Start, Outsider " hört, denkt man in erster Linie an Entlehnung. Es handelt sich bei einer Entlehnung um ein Wort aus einer Sprache (Muttersprache, hier Englisch), das in den Wortschatz einer anderen Sprache (Zielsprache, hier Deutsch) eingegangen ist. Die Muttersprache und Zielsprache werden beim Vorgang der Entlehnung als Gebersprache und Nehmersprache bezeichnet. Die Gesamtheit aller Entlehnungen wird auch als Lehngut charakterisiert.

Nach Bußmann ist Entlehnung „Vorgang und Ergebnis der Übernahme eines sprachlichen Ausdrucks aus einer Fremdsprache in die Muttersprache, meist in solchen Fällen, in denen es in der eigenen Sprache keine Bezeichnung für neu entstandene Sachen bzw. Sachverhalte gibt." (Bußmann 1990: 213)

Nach Wilhelm Bondzio „kann es sich bei einer Entlehnung um eine vollständige Übernahme eines fremden Wortes mitsamt seiner Bedeutung, in der Regel nur eine von mehreren Bedeutungen, handeln. Nach und nach werden diese Fremdwörter in ihrer äußeren Form (Flexion, Aussprache, Schreibung u.a) an das System der entlehnenden Sprache angeglichen, so z. B. dt. Fenster aus lat. Fenstra." (Wilhelm 1984: 182)

« Il ya emprunt Linguistique quand un parler A utilise et finit par intégrer une unité ou un trait linguistique qui existait précédemment dans un parler B et que A ne connaissait pas ; l'unité ou le trait emprunté sont eux-mêmes appelés emprunts. » (Dictionnaire de linguistique, Larousse 2007:177).

Im Arabischen gibt es dieselben Meinungen zum Begriff der Entlehnung.

"عملية نقل تتم بين لغة وأخرى قصد تغطية النقص الموجود في اللغة المنقول إليها، وبالأخص في المجال المعجمي، وهو إجراء تدمج فيه العناصر المستلفة في اللغة المستقبلة . " (سلسلة علوم التربية 100: 1994)

Diesem Zitat zufolge versteht man unter Entlehnung im Arabischen im Allgemeinen ebenfalls den Vorgang der Übernahme eines Worts von einer Ausgangssprache (Muttersprache) in eine Zielsprache.

Hieraus ist zu schließen, dass der Terminus Entlehnung als Oberbegriff für alle Arten der Übernahme sprachlicher Phänomene von einer Sprache in die andere verwendet wird bzw. von einer Ausgangssprache in die Zielsprache(oder umgekehrt). Meist wird der Begriff im weiteren Sinne benutzt, d.h. er umfasst dann nicht nur das Ergebnis, sondern auch den Vorgang dieser Übernahme.

3. Motive der Entlehnung

Entlehnungen können unterschiedliche Grunden haben Durch menschliche

Kontakte z.B. in Form von Handelsbeziehungen und kulturellen Beziehungen übernimmt man Dinge mit ihrem Namen. Auch wird häufig aus Bedarf Wortgut übernommen. Prestige kann ein weiterer Grund für eine Entlehnung sein. Haftet einem Wort ein gewisses Prestige an, wird es nicht selten vollständig in die eigene Sprache übernommen und gilt somit als Fremdwort. Wilhelm sagt dazu:" Die Ursachen können unterschiedlich sein. Sehr häufig ist aber Wortübernahme mit Sachübernahme verbunden, d.h. eine Sprachgemeinschaft übernimmt eine ihr bisher unbekannte Sache zusammen mit seiner Bezeichnung; natürlich kann es sich dabei auch um etwas Ideelles, einen Begriff handeln." (Wilhelm 1984: 182)

Bußmann erklärt das Phänomen der Entlehnung über menschliche Kontakte u.a. in Form von Handelsbeziehungen, denn „die Ursachen solcher auf Sprachkontakt beruhenden Beeinflussungen liegen in verschiedenen politischen, kulturellen, gesellschaftlichen oder wirtschaftlichen Entwicklungen (Import neuer Produkte, Prestigeempfinden, Erzeugung von Lokalkolorit, Internationalisierung von Fachsprachen u.a.)." (Bußmann 1990: 213-214)

An dieser Stelle soll nochmals auf das Prestige eines Wortes als Ursache für die Entlehnung in eine andere Sprache eingegangen werden. Ist von einem Prestigewort die Rede, so ist darunter die Erscheinungsform von Modewörtern im Alltagsleben bzw. in der Alltagssprache zu verstehen, wodurch ein gewisser Absonderungsprozess oder Klassifizierungsprozess in der Gesellschaft in Gang gesetzt wird. Christine R. und Brigitte M. erklären diesen Vorgang in ihrem Buch Lexikologie des Deutschen: Eine Einführung wie folgt: „Einzelne hervorgehobene oder privilegierte Gruppen in einer Gesellschaft beginnen sich auch mit fremden Wörtern von der Masse abzuheben und werden so zu nacheifernswerten Vorbildern. " (Christine R. und Brigitte M. 2005: 43)

4. Arten von Entlehnungen

Sprache entwickelt sich im Laufe der Zeit weiter und jede Sprache kennt neue Wörter. Diese Wörter können Lehngut sein. Entweder werden sie direkt (in Form eines Fremdwortes oder Lehnwortes) übernommen oder als Lehnbildung nachgebildet.

Trotz verschiedener Auffassungen und Definitionen des Begriffs Entlehnung sind die meisten Linguisten damit einverstanden, dass es sich bei der Entlehnung um einen Vorgang von der Ausgangssprache in die Zielsprache handelt, sei es in direkter oder indirekter Form.

Unter diesen Linguisten Werner Betz, Christine Römer, Brigitte Matzke, Hadumond Bussmann, Thea Schippan i.a. haben die Formen der Entlehnung aufgeteilt und wie folgt klassifiziert:

a) **Fremdwort**: Ein Fremdwort ist vom Lehnwort abgetrennt und kennzeichnet durch Schreibung und Lautung bzw. durch ein Suffix zu erkennen. Beispiele hierfür sind die Wörter Rendezvous, Terrasse, Diskussion, Hypothese, entre nous, usw.. Dies wird auch durch Rudi Conrad bestätigt, der in seinem keinem Wörterbuch sprachwissenschaftlicher Fachausdrücke schreibt, dass ein

Fremdwort eines „aus einer fremden Sprache übernommenes Wort , das meist in seiner originalen Lautung und Betonung, teilweise auch Flexion verwendet wird." (Rudi 1984: 86)

b) **Lehnwort**: Ein Lehnwort ist ein Fremdwort, das an die Muttersprache (also Zielsprache) angepasst und völlig integriert wird, die Lautung und Schreibung inbegriffen, sodass es schließlich zur eigenen Sprache gehört. Als Beispiele können Wörter wie Massage, Telefon, Phonetik, Linguistik, usw. angeführt werden. Schippan definiert ein Lehnwort als „fremdes Wortgut, das dem deutschen Sprachsystem völlig inkorporiert und angeglichen ist, von den Sprachteilnehmern nicht mehr als fremd erkannt wird und somit als deutsch gilt. " (Schippan 1992: 263)

c) **Internationalismus**: Internationalismus ist eine weitere Form der Entlehnung und bezeichnet Wortgut, das nicht lokalisiert ist, weltweit bekannt und in fast

allen Sprachen völlig integriert ist. Die Linguistik im Deutschen, linguistique im Französischen und linguistic im Englischen ist ein passendes Beispiel hierfür. Christine R. und Brigitte M. präzisieren die Definition der Internationalismus, indem sie ihm Wörter zuordnen, „deren Referenzbereiche ursprünglich auf Gegenstände außerhalb der betreffenden nationalsprachlichen Erfahrungswelt gerichtet waren und z.b. durch einen internationalen Kulturaustausch (wie durch Kolonialismus) allgemein bekannt wurden."
(Christine R. und Brigitte M. 2005: 45)

d) Lehnprägung: Lehnprägung gilt als Oberbegriff für Lehnbildung und Lehnbedeutung. Die Lehnbildung enthält die Lehnübersetzung, Lehnübertragung und Lehnschöpfung. Ihr Schwerpunkt ist die Realisierung deutscher Wortbildungen nach fremden Vorbildern. Die Lehnbedeutung hingegen liegt vor, wenn ein Wortgut einem fremden Vorbild entspricht, das viele Variationen beinhaltet. Bussmann erklärt die Lehnbildung als „Vorgang und Ergebnis der Neubildung von Wörtern unter fremdem Spracheinfluss. Im Hinblick auf die größere und geringere formale Abhängigkeit der Lehnbildung von ihrem Vorbild wird zwischen Lehnübersetzung (z.B. Mitlaut für Konsonant) und Lehnübertragung; (z.B. Wolkenkratzer für engl. Skyscraper; wörtlich Himmelskratzer) und Lehnschöpfung (z.b. Sinnbild für Symbol) unterschieden." (Bussmann 1990:443)

Um dieses Abstraktum zu konkretisieren, wird es in folgendem Schema dargestellt:

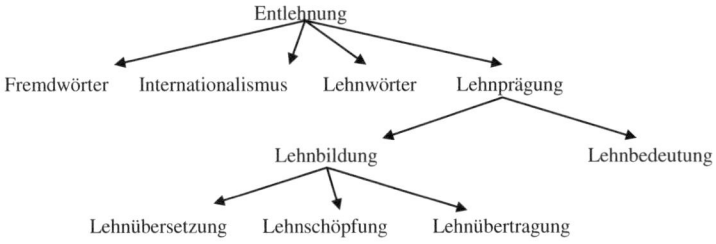

(Bußmann, 1990: 213 -215)

5. Der Einfluss anderer Sprachen auf das Deutsche

Der Einfluss anderer Sprachen auf die deutsche Sprache war nicht unerheblich und nahm schon früh seinen Anfang. Seit dem Altertum waren neue Wörter aus der lateinischen Sprache bzw. aus der französischen und englischen Sprache eingedrungen wie folgende Beispiele zeigen:

Bei den Wörtern Priester, konfiszieren, Aula, Philopsophie addieren, Medizin, Kirche, Text, Logik, Orient, Advokat, Akademie, Auditorium, Prozess, Medikament, interpretieren handelt es sich um aus der lateinischen Sprache entlehnten Wörtern.

Die Wörter Klub, Sweat, boxen, Sport, Boykott, Ballade, Tunnel, Streik, Trainer, Lift, Start, Outsider, Tennis, Lokomotive, Humor, Matsch, Champion, Hockey, Pullover, Care usw. entstammen ursprünglich der englischen Sprache.

Und bei Fassade, Balkon, Frisur, Parfüm, Biskuit, Dame, Galerie, Serviette, Revolution, Fraktion, Omelette, Garderobe, um nur eine kleine Auswahl aufzuzählen, sind deutlich die französischen Wurzeln zu erkennen.

Zusammenfassend wird der Einfluss anderer Sprachen auf das Deutsche durch die folgenden Abbildung dargestellt; des Weiteren wird uns auch verdeutllicht, inwieweit die wichtigsten indogermanischen Sprachgruppen von West nach Ost sortiert sind.

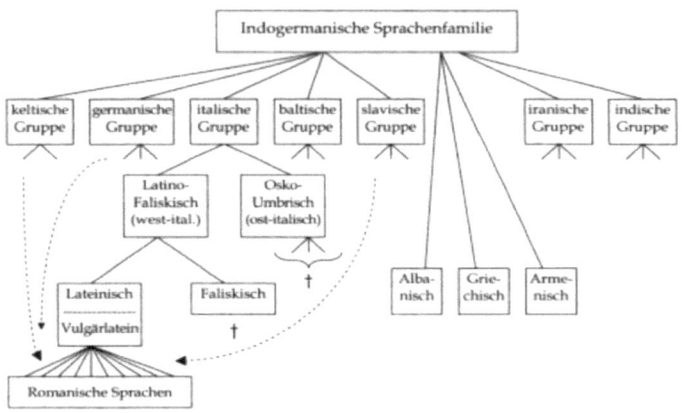

(Müller-Lancé 2006: 24)

Darüber hinaus leistete auch die arabische Sprache ihren Beitrag und nahm Einfluss auf das Deutsche, denn jeder Kontakt mit einer anderen Kultur hat die deutsche Sprache bereichert und entsprechende Spuren hinterlassen, die heute deutlich zu erkennen sind. So befinden sich heute die Wörter Islam, Ziffer, Kamel Algebra, Fakir, Sultan, Atlas, Moschee, Beduine, Harem, Gazelle, Balsam, Alchimie, Arsenal, Emir und noch viele weitere im regelmäßigen Sprachgebrauch.

Als Beispiel der Einfluss des Arabischen auf das Deutsche soll in folgenden Textbeispielen veranschaulicht werden:

Großwesir, ob er jemanden kenne, der es lesen konnte.
"Gnädiger Herr und Gebieter", antwortet dieser, „an der großen Moschee wohnte ein Mann, der heißt Selim der Gelehrte, der versteht alle Sprachen. Lass ihn kommen, vielleicht kennt er diese geheimnisvollen Wörter".
(www.torindiegalaxien.de/gesch07/kalifstorch.html)

7. Fazit

Zusammenfassend lässt sich sagen, dass diese Entlehnungen bei genauerem Hinsehen das historische Geschehen, die Ideologien, den Kulturwandel und die wissenschaftliche und technische Entwicklung sichtbar werden lassen.

Literaturverzeichnis

ADAMZIK, KIRSTEN (2001): Sprache: Wege zum Verstehen. Tübingen/Basel: Francke Verlag.
AMMON, ULRICH (1991): Die internationale Stellung der deutschen Sprache. Berlin/New York: Walter de Gruyter.
Bergmann, Rolf u. Pauly Peter.(2004): Einführung in die deutsche Sprachwissenschaft, Heidelberg,.
Bloomfield, Leonard (2001): Die Sprache, Edition Praesens Wien.
Bader, Wolfgang (1999): Deutsche Sprache im Inland- deutsche Sprache im Ausland, Goethe-Institut, Göttingen,.
Bechert, Johannes/Wildgen, Wolfgang (1991): Einführung in die Sprachkontaktforschung. Darmstadt: Wissenschaftliche Buchgesellschaft.
Bondzio, Wilhelm(1989): Einführung in die Grundfragen der Sprachwissenschaft. 2. Durchgesehene Auflage. VEB Bibliographisches Institut Leipzig.
Braun, Peter (1993): Tendenzen in der deutschen Gegenwartssprache. 3. erw. Aufl. Stuttgart/Berlin/Köln: Kohlhammer.
Brundin, Gudrun(2004): *Kleine deutsche Sprachgeschichte*. Wilhelm Fink Verlag GmbH & Co. KG: München.
Busch ,Abert u. Stenschke , Oliver (2008): Germanistische Linguistik, 2 Auflage Tübingen.
Bussmann, Hadumond (1990): Lexikon der Sprachwissenschaft. 2. aktual. u. erw. Aufl. Stuttgart: Alfred Kröner Verlag.
Conrad, Rudi(1981): Kleines Wörterbuch sprachwissenschaftlicher Fachausdrücke, Leipzig
Dittmar, Norbert (1972): Grundlagen der Soziolinguistik. Tübingen: Max Niemeyer Verlag.
Dornseiff, Franz (2004): Der deutsche Wortschatz nach Sachgruppen. 8. überarb. Aufl. von Uwe Quasthoff. Berlin/New York: Walter de Gruyter.
Drosdowski, Günther (1984): Duden Grammatik (4).Mannheim.
Drodowski, Günther (1989): Duden Universalwörterbuch. 2.Auflage. Mannheim.
Drosdowski, Günther (1998): Duden. Deutsches Universalwörterbuch 2., überarb. und erw. Auflage unter der Leitung von Mannheim/Leipzig/Wien/Zürich: Dudenverlag
Dubois et al.(2007): Larousse: linguistique et science du langage, Paris
Duden (2001): Das Herkunftswörterbuch.Mannheim: Dudenverlag
Ehrismann, Otfried(2007): *Der Weg zur Hochsprache: Mittelhochdeutsch/Frühneuhochdeutsch*. Schneider Verlag Hohengehren GmbH : Hohengehren – Baltmannsweiler.
Eichinger, Ludwig M. (2000): Deutsche Wortbildung: eine Einführung. Tübingen: Günter Narr Verlag. [=Narr Studienbücher]

Eisenberg, P. (2001): Die grammatische Integration von Fremdwörtern, Berlin/New York,.
Fleischer, W., Barz, I. (1995): Wortbildung der deutschen Gegenwartssprache, Tübingen.
Fluck, H.L. (1976): Fachsprachen, München.
Hamid, Baalla(2014): Die Entlehnung vom Arabischen ins Deutsche,Grin Verlag München
Koller, Werner (1992): Einführung in die Übersetzungswissenschaft. 4. akt. Aufl., Wiebelsheim: Quelle & Meyer.
Kluge, Friedrich (1989): Etymologisches Wörterbuch der dt. Sprache, Walter de Gruyter. Berlin - New York.
Linke, Angelika/ Nussbaumer, Markus/ Portmann Paul, R. (2004): Studienbuch Linguistik. 5., erw. Aufl.Tübingen: Max Niemeyer Verlag.[=Reihe germanistische Linguistik]
Lutz, Mackensen, (1985): Ursprung der Wörter, München
Maurer, Friedrich/Stroh, Friedrich(1959): *Deutsche Wortgeschichte*. Walter de Gruyter & Co: Berlin.
Müller-Lancé, Johannes(2006): Latein für Romanisten. Gunter Narr Verlag: Tübingen.
Osman, Nabil (1982): Kleines Lexikon deutscher Wörter arabischer Herkunft3. Beck, München.
Pfeifer, Wolfgang (1989): Etymologisches Wörterbuch des Deutschen. 3 Bde. München.
Pfitzner J. (1987): Der Anglizismus im Deutschen, Stuttgart.
Romer, Christine / Matzke, Brigitte(2003): *Lexikologie des Deutschen*. Gunter Narr Verlag: Tübingen.
Römer, Christine u. Matzke, Brigitte(2005): Lexikologie des Deutschen : Eine Einführung, 2. Auflage, Gunter Narr Verlag Tübingen.
Schäfer, Werner (2002): Von Handys und Erbex, Deutsch als Fremdsprache.
Schippan, Thea (1992): Lexikologie der deutschen Gegenwartssprache. Tübingen: Niemeyer Verlag.
Schmidt, Wilhelm (2000): Geschichte der deutschen Sprache. Ein Lehrbuch für das germanistische Studium 8., völlig überarb. Aufl. unter der Leitung von Helmut Langner und Norbert Richard. Stuttgart: S. Hirzel Verlag.
Schregele, Götz unter Mitwirkung von Fahmi Abu l-fadl, Mohmoud Hegazi, Tawfik Borg und Kamal Radwan.(1974): Dt.-ar. Wörterbuch. Otto Harrassowitz, Wiesbaden
Simon, Hans Joachim (1998): Sprachen im Wandel. Frankfurt a.M./Berlin/Bern/New York/Paris/Wien.
Stedje, Astrid (1989): Deutsche Sprache gestern und heute: Einführung in die Sprachgeschichte und Sprachkunde. München: Wilhelm Fink Verlag.
Stedje, Astrid (1999): Deutsche Sprache gestern und heute. Wilhelm Fink Verlag GmbH & Co. KG: München.
Steinhauer, Anja (2001): Sprachgeschichte, Tübingen.

Tazi, Rajaa(1998): Arabismen im Deutschen. Transferenzen vom Arabischen ins Deutsche. Berlin/New York

Unger, Andreas (2007): (unter Mitwirkung von Andreas Christian Islebe): Von Zucker. Arabische Wörter im Deutschen. Reclam, Stuttgart.

Wahrig, Gerhard / Hildegrad K./ Harald Z. (1980): Brockhaus Wahrig Dt. Wörterbuch in sechs Bänden. F.A. Brockhaus Wiesbaden. Dt. Verlags-Anstalt. Stuttgart.

Wahrig, Gerhard (2002): Deutsches Wörterbuch. 7. vollst. überarb. und aktualisierte Aufl.Gütersloh/München: Bertelsman Lexikon Verlag.

Weber, Karl-Wilhelm(2006): *Romdeutsch. Warum wir alle Lateinisch reden, ohne es zu wissen.* Eichborn Verlag: Frankfurt am Main .

Wehr, Hans (1968): Ar. Wörterbuch für die Schriftsprache der Gegenwart. 4. unveränderte Auflage. Otto Harrassowitz- Wiesbaden.

Wolff, Gerhard (2004): Deutsche Sprachgeschichte von den Anfängen bis zur Gegenwart. Ein Studienbuch. 5. Aufl.Tübingen, Basel: A. Francke Verlag.

http://www.duden.de/downloads/produkte/duden05/fremdwort freund_oder_feind.pdf)

http://www.worldlingo.com/ma/dewiki/de/Liste_deutscher_Wörter_aus_dem_Arabischen

http:// www.google.de. Entlehnung

http://www.wikipedia.de. Entlehnung

http://www.torindiegalaxien.de/gesch07/kalifstorch.html

<u>المراجع بالعربية</u>

إبراهيم أنيس1978: من أسرار اللغة (مكتبة الأنجلو المصرية) القاهرة

الامام جلال الدين عبد الحمان أبي بكر السيوطي، كتاب المزهر ، دار الكتب العلمية 1971بيروت لبنان

محمد الرازي 1974مختار الصحاح موسوعة علوم القران د مشق

عبد اللطيف الفارابي، محمد أيت موحى، عبد العزيز الغرضاف، عبد الكريم غريب: معجم علوم التربية مصطلحات البيداغوجيا والديداكتيك1، سلسلة علوم التربية 9-10، الطبعة الأولى 1994، مطبعة النجاح الجديدة.

فتحي الجميل 2003: المقترضات المعجمية في القرآن ـ بحث في المقاربات، تقديم: إبراهيم بن مراد، كلية الآداب والفنون الإنسانية بمنوبة.